Jacques Salomé

Caderno de exercícios para aprender a amar-se, amar e – por que não – ser amado(a)

Ilustrações de Jean Augagneur

Tradução de Stephania Matousek

EDITORA VOZES
Petrópolis

© Éditions Jouvence S.A., 2012
Chemin du Guillon 20
Case 143 CH-1233 — Bernex
http://www.editions-jouvence.com
info@editions-jouvence.com

Direitos de publicação em língua portuguesa — Brasil: 2014, Editora Vozes Ltda.
Rua Frei Luís, 100
25689-900 Petrópolis, RJ
www.vozes.com.br
Brasil

Tradução do original em francês intitulado
Petit cahier d'exercices pour apprendre à s'aimer, à aimer et pourquoi pas à être aimé(e)

Todos os direitos reservados. Nenhuma parte desta obra poderá ser reproduzida ou transmitida por qualquer forma e/ou quaisquer meios (eletrônico ou mecânico, incluindo fotocópia e gravação) ou arquivada em qualquer sistema ou banco de dados sem permissão escrita da editora.

CONSELHO EDITORIAL

Diretor
Volney J. Berkenbrock

Editores
Aline dos Santos Carneiro
Edrian Josué Pasini
Marilac Loraine Oleniki
Welder Lancieri Marchini

Conselheiros
Elói Dionísio Piva
Francisco Morás
Gilberto Gonçalves Garcia
Ludovico Garmus
Teobaldo Heidemann

Secretário executivo
Leonardo A.R.T. dos Santos

PRODUÇÃO EDITORIAL

Aline L.R. de Barros
Marcelo Telles
Mirela de Oliveira
Otaviano M. Cunha
Rafael de Oliveira
Samuel Rezende
Vanessa Luz
Verônica M. Guedes

Conselho de projetos editoriais
Isabelle Theodora Martins
Luísa Ramos M. Lorenzi
Natália França
Priscilla A.F. Alves

ISBN 978-85-326-4802-0 (Brasil)

ISBN 978-2-88353-995-2 (Suíça)

Editoração: Andréa Dornellas Moreira de Carvalho
Projeto gráfico: Éditions Jouvence
Arte-finalização: Sheilandre Desenv. Gráfico
Capa/ilustrações: Jean Augagneur
Arte-finalização: Editora Vozes

Este livro foi composto e impresso pela Editora Vozes Ltda.

Dados Internacionais de Catalogação na Publicação (CIP)
(Câmara Brasileira do Livro, SP, Brasil)

Salomé, Jacques
  Caderno de exercícios para aprender a amar-se, amar e, por que não?, ser amado(a) / Jacques Salomé ; ilustrações de Jean Augagneur ; tradução de Stephania Matousek. — Petrópolis, RJ : Vozes, 2014. — (Coleção Cadernos: Praticando o Bem-estar)

  Título original : Petit cahier d'exercices pour apprendre à s'aimer, à aimer et pourquoi pas à être aimé(e)

  9ª reimpressão, 2024.

  ISBN 978-85-326-4802-0

  1. Amor 2. Amor-próprio 3. Autoestima 4. Realização pessoal I. Augagneur, Jean. II. Título.

14-03653   CDD-158.1

Índices para catálogo sistemático:
  1. Amor a si mesmo : Psicologia aplicada   158.1
  2. Autovalorização : Psicologia aplicada   158.1

Este caderno de exercícios pretende, primeiro, desmistificar algumas **utopias**, expurgar ou atenuar algumas **convicções** e esclarecer alguns **equívocos** sobre o amor.

O amor, mistério de profundezas insondáveis, suscita, desde os primórdios da humanidade, interrogações, questionamentos e múltiplas explorações. Ele continua sendo, porém – e esse é um dos paradoxos desse sentimento estonteante e às vezes desconcertante –, ao mesmo tempo muito procurado e frequentemente maltratado.

Este pequeno caderno também visa a nos sensibilizar melhor, a nos preparar, seja qual for a nossa idade, para entrar, viver e enfrentar algumas das possibilidades da aventura amorosa.

O postulado de base é simples:

Se eu não souber me amar,
terei muita dificuldade em amar.

Se eu não me amar,
correrei o risco de ficar com a constante
necessidade de ser amado(a).

E, assim, acabo ficando exposto(a) a apresentar àquele ou àquela que alego amar atitudes, comportamentos e jeitos de ser que não vão ser muito apreciados, pois são fundados em interações à base de captação, controle ou, para dizer de forma mais simples, relações de possessividade!

Aprender a se amar, como vamos descobrir aqui, nem sempre é fácil. Poderíamos até dizer que às vezes é bem difícil. Nossa capacidade de amar a nós mesmos, amar e aceitar receber amor vai depender das:

➤ **MENSAGENS** (mais ou menos positivas) recebidas na nossa infância,

➤ **INJUNÇÕES** (libertadoras ou inibidoras) que nos foram transmitidas,

➤ **MISSÕES DE REPARAÇÃO** que nós interiorizamos,

➤ **EXPERIÊNCIAS** de acontecimentos mais ou menos traumatizantes de nossa história passada ou recente. O encontro com o amor constitui para cada indivíduo um caldeirão de descobertas extraordinárias e mudanças imprevisíveis, mas pode ser também, para alguns de nós, um caminho semeado de mal-entendidos e às vezes sofrimentos.

Preciso fazer logo aqui uma observação: quando eu abordo o amor que podemos ter por nós mesmos, aquilo que chamo de **AMOR DE SI**, não estou falando de amor narcisista, egocêntrico, visando a se apresentar como um ser excepcional, dotado de todas as qualidades, ou como um diamante (não escrevi amante) raro. O amor de si é uma vibração, um movimento interior que se funda em alicerces sutis e indiretos, os quais vamos descobrir progressivamente nas próximas páginas. **O AMOR DE SI** é um **SENTIMENTO** composto de bondade, respeito e abertura com relação à nossa pessoa em sua integralidade. Trata-se de uma vibração, de um impulso íntimo que vai dinamizar, colorir e avivar o conjunto dos recursos da nossa vida e, justamente por isso, tornar-nos capazes de amar os outros, ou seja, conseguir dar e aceitar receber amor. Na verdade, ele permite **se amar o bastante para saber acolher o amor dos outros sem exigi-lo, desvalorizá-lo, maltratá-lo ou rejeitá-lo.**

Para ousar se amar

Como é possível ousar aprender a se amar ou, melhor ainda, correr assim o risco de amar? Não seria um desafio inacessível, uma batalha masturbatória ou mais uma armadilha?

Todos nós sabemos (pelo menos todos aqueles e todas aquelas que, em um momento ou outro de suas vidas, já sentiram o amor invadi-los, maravilhá-los, chacoalhá-los ou fragilizá-los): não existem regras nem receitas para amar.

Muitas de nossas convicções nos confirmam, e os nossos sentidos nos afirmam: ser amado frequentemente é visto, por muitos de nós, como uma obrigação. Desde o início de nossas vidas, esperamos que nossos pais nos amem e, até mais do que isso, que eles nos aceitem sem nenhuma condição. Nós interiorizamos muito cedo a expectativa, que se transforma em certeza, de que ser amado e poder amar deveria ser natural, espontâneo e, para dizer toda a verdade, simplesmente humano. E depois descobrimos, mais ou menos rapidamente, que **o sentimento de amor** (ou os sentimentos de amor, pois eles **podem ser múltiplos**) é uma das possibilidades que estarão presentes ou ausentes dentro de nós, de forma incontrolável e, sobretudo, aleatória. Esse sentimento é totalmente imprevisível, nós não temos nenhum poder sobre ele, ele pode nos invadir sem nenhum aviso. Esse sentimento parece um turbilhão que sacode e leva tudo. A isso se acrescenta a **esperança** (quando temos a coragem de oferecer aos outros o nosso amor) de que, face a nós, haja uma resposta, uma reciprocidade possível. E, como muitos, nós pensamos, de modo mais ou menos consciente, que o nosso amor suscitará, em retorno, amor nos outros.

Este caderno de exercício visa, entre outros objetivos, a desmistificar a confusão que pode existir entre o sentimento amoroso, que nos preenche em determinado momento, e a possível relação amorosa que pode resultar dele.

Vamos assim **compreender melhor...**

⇨ ...que sentimento e relação são dois universos bem diferentes que nem sempre coabitam harmoniosamente.

⇨ ...que o amor não basta para manter dois seres juntos duradouramente... e que é preciso algo mais: diálogos e experiências compartilhadas no interior de uma relação vivaz.

⇨ ...que nossos sentimentos têm vida própria, sobre a qual não temos nenhum poder, pois não podemos mandar os outros nos amarem se eles/elas não nos amarem. E também não podemos nos obrigar a amar mais ou menos alguém... se não o amarmos!

⇨ ...que a relação que eu vou oferecer pode nem sempre estar em sintonia com a relação que a outra pessoa está me oferecendo! E que cabe a cada um encontrar os meios de posicionar-se, afirmar-se e confrontar-se para tentar construir juntos uma relação vivaz, que respeite as expectativas, as contribuições e as zonas de intolerância de cada um.

⇨ ...que o sentimento de amor que me preenche nem sempre é recíproco na outra pessoa (é o caso de um amor com sentido único ou assimétrico). E que, se ele for correspondido pelo outro (amor recíproco ou simétrico), as relações que podem resultar vão seguir caminhos às vezes labirínticos, com questões complexas que envolvem a história e os projetos de vida de cada parceiro.

Você já entendeu: não basta se amar ou ser amado, é preciso também poder oferecer mutuamente uma relação vivaz, plena de estímulos e experiências em comum, aberta ao diálogo, isto é, baseada numa comunhão.
Isso se chama se comunicar e, como vamos descobrir aqui, também se aprende. Ou pelo menos pode se aprender... se aceitarmos reconhecer que somos (na maior parte do tempo) enfermos da comunicação, (às vezes também) famintos por experiências em comum, (e em certas circunstâncias) bulímicos de pedidos, deficientes em receber, sem o menor jeito para dar ou ainda com dificuldade para recusar (incapazes de dizer não ou, ao contrário, obstinados em negar). Que pode acontecer de sermos ou nos tornarmos especialistas da autoprivação

ou imperialistas autocratas (querendo permanecer a qualquer preço no controle da relação!).

Neste livro, nenhuma receita, poucos conselhos, nenhuma estrada a seguir. Você encontrará apenas indicações de alguns caminhos fiáveis, certas trilhas inesperadas, a abertura de pistas incertas, mas estimulantes, para seguir em frente com respeito, autorresponsabilização e fidelidade a valores **voltados para o amor de si e dos outros, para construir juntos as possibilidades de uma relação amorosa, de preferência maravilhosa e – por que não? – duradoura!**

TO LOVE OR NOT TO LOVE

Para começar, vou sugerir alguns exercícios de conscientização[1], para compreender **de onde vem o amor, qual poderia ser a origem do amor humano.**

Cada um será composto de exercícios pessoais e íntimos para tentar compreender melhor, para poder se sentir mais em harmonia com suas próprias escolhas de vida, seus valores ou suas profundas aspirações, para poder se unir melhor com os outros.

---

1. Fato de conscientizar, ou seja, interiorizar diferentes aspectos da realidade.

Exercício 1
Origens do amor ou do não amor em mim

Este exercício permite entrever de onde pode vir o amor que me preenche ou a ausência de amor que eu talvez sinta às vezes dentro de mim.

Quando penso sobre o amor ou quando falo sobre o amor, cabe a mim:

identificar o amor que tenho para dar, que carrego dentro de mim e que desejo oferecer a alguém que saiba recebê-lo.

Será que tenho amor para dar?
SIM   NÃO

Será que me relaciono com alguém que possa recebê-lo?
SIM   NÃO

diferenciar melhor o meu amor e a minha necessidade de amor.

Será que ofereço meu amor só para receber, em troca, o dos outros?
SIM   NÃO

não confundir o amor que não tenho com o que desejo receber.

Estou à espera de ser amado(a)?
SIM   NÃO

Sou amado(a), embora eu não ame?
SIM   NÃO

não ficar achando (ou caindo na armadilha) que um amor virá dos outros para preencher o meu vazio de amor.

Será que sou um(a) consumidor(a) de amor?
SIM   NÃO

11

ENTÃO? TÁ CHEGANDO?

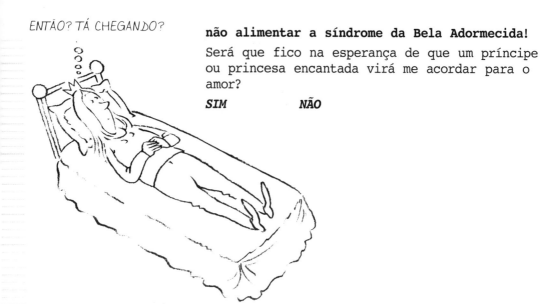

não alimentar a síndrome da Bela Adormecida!

Será que fico na esperança de que um príncipe ou princesa encantada virá me acordar para o amor?

SIM   NÃO

Cabe a mim verificar quais são as minhas convicções.

Uma convicção pode dissimular expectativas profundamente escondidas nos meandros do nosso coração ou do nosso passado.

Será que alimento a convicção de que, se tivesse recebido muito amor antigamente (na minha infância, dos meus pais ou daqueles que os tivessem substituído), seria capaz de dar amor? Pode-se resumir essa convicção pela simples equação:

"Se eu tiver sido amado(a), devo ser capaz de amar."

Recebi ou não amor dos meus pais?

SIM   NÃO

Será que alimento a convicção de que são os outros que têm de me amar se eu não tiver recebido amor na minha infância? Como se fosse uma questão de vasos comunicantes... os outros deveriam suprir a minha carência!

Como não recebi amor na minha infância, então devo receber agora. Será que esse é o meu caso?   *SIM   NÃO*

Mas, se eu tiver recebido, será que eu talvez tenha menos necessidade de receber?

SIM   NÃO

12

Será que alimento a convicção de que, se eu amar alguém com amor suficiente, ele(a) ficará tão comovido(a) que necessariamente vai me amar? Como se fosse um escambo relacional equilibrado: "eu lhe dou, então você fica me devendo..."

Se eu amar, devo ser amado(a).	SIM	NÃO
Mesmo que eu ame, é possível que os outros nem por isso me amem.	SIM	NÃO

Será que alimento a convicção de que aquele homem, ou aquela mulher, deveria me amar como minha mãe ou meu pai deveriam ter me amado? Como se fosse uma compensação óbvia: "Escolhi você, pois senti que você poderia me amar como meu pai ou minha mãe não souberam me amar!"

Será que coloco no mesmo nível o amor dos meus pais e o amor romântico, um podendo substituir o outro?	SIM	NÃO
Eu me sinto capaz de diferenciar melhor o amor dos meus pais e o amor romântico!	SIM	NÃO

Será que alimento a convicção ou a esperança de que, de qualquer forma, ninguém me amará, de que não mereço ser amado(a) e que, é claro, aquele ou aquela que tentar me amar não merece a minha confiança? Sim, porque alguém que amar uma pessoa tão insignificante quanto eu realmente deve ser mais insignificante ainda...

Não mereço ser amado(a).	SIM	NÃO
Só posso ser amado(a) por alguém ainda mais insignificante do que eu!	SIM	NÃO

As respostas que eu tiver dado só pertencem a mim, elas não possuem nenhum valor profético, sendo apenas pontos de referência, marcos para tentar compreender melhor quem eu sou e me permitir seguir em frente nos caminhos do amor.

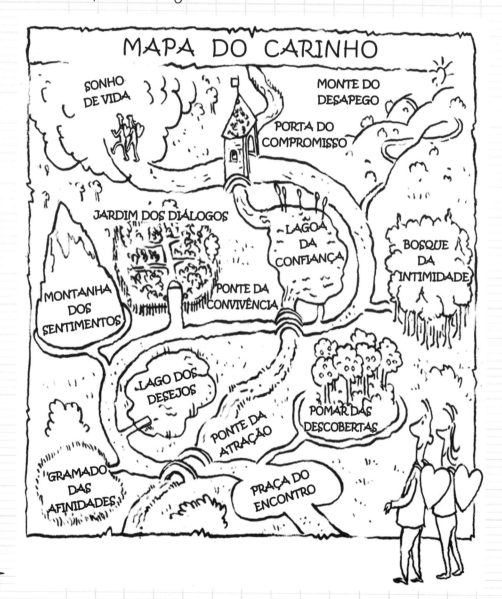

Algumas reflexões e comentários para incentivar a começar os próximos exercícios

Durante muito tempo acreditei que, se tivéssemos recebido muito amor dos nossos pais, poderíamos, mais tarde, dar muito amor ao nosso redor.

> **Como se o amor fosse um problema de vasos comunicantes.**

Se antigamente eu tiver recebido muito amor (dos meus pais ou daqueles que os tiverem substituído), devo, por minha vez, ser capaz de dar amor.
Essa hipótese não se confirmou na minha vida amorosa. Fui uma criança muito amada e, no entanto, eu não sabia amar. Eu havia ficado preso durante muito tempo numa injunção que eu havia imposto a mim mesmo por volta dos meus oito anos. Eu estava muito apaixonado por uma menininha da minha idade, que me tinha afirmado que ela também gostava de mim. Depois, quinze dias mais tarde, ela me disse: "Eu não te amo mais, amo um outro que me ama mais do que você!" Fiquei paralisado, abatido durante vários dias, invadido por um sofrimento agudo durante vários meses, convencido de que meu amor não tinha nenhum valor, já que ele não havia **pesado na balança** face ao de um outro. Lembro que, uma noite, nas profundezas da minha cama, eu havia jurado para mim mesmo que **eu nunca mais deixaria ninguém me amar** e, sobretudo, **eu nunca mais amaria ninguém!**

Foi só mais tarde, na idade adulta, que me conscientizei melhor de que o amor de si vinha da qualidade das relações significativas tecidas na minha infância e no início da minha vida adulta por meus pais, professores, amigos e pessoas próximas. Também entendi que, se nessas relações e diálogos houvesse circulado mais mensagens positivas do que tóxicas, a vivência[2] do meu ser se tornaria mais bela dentro de mim. Eu viraria energetígeno[3], portador de novas energias, ganharia mais confiança e autoestima, mergulharia em mais prazer de existir

e, sobretudo, carregaria mais amor por mim mesmo.

Mas veja qual foi a descoberta mais estimulante do meu desenvolvimento afetivo: se eu recebesse dos outros uma mensagem tóxica que pudesse me ferir moral, psicológica ou fisicamente, o que eu teria de fazer seria não guardá-la dentro de mim, não me deixar poluir por ela, mas

---

2. Capacidade que uma pessoa tem de viver, realizar-se plenamente e evoluir no interior de uma vibração com alto grau de vitalidade.
3. Que desperta, que gera energia.

sim restituí-la (de modo simbólico) àquele ou àquela que a houvesse depositado em mim.

Mais tarde, na minha vida de homem e formador em relações humanas, denominei essa iniciativa de: **restituição simbólica das mensagens tóxicas àqueles que a depositaram em mim.** Fossem essas mensagens palavras, comportamentos ou violências psicológicas, morais ou físicas, o que eu devia fazer era não guardá-las dentro de mim, mas sim devolvê-las ao remetente. Isso para não permanecer envenenado, ferido ou preso em rancor e ressentimento, mas sobretudo para poder me reconciliar com o melhor de mim mesmo. Na verdade, aprendi a **restituir as coisas ruins recebidas**, para não colaborar e sobretudo para me responsabilizar melhor com relação à poluição relacional que as pessoas ao meu redor pudessem depositar em mim.

Mais tarde ainda, ao tomar consciência de que eu também havia poluído ou ferido aqueles que eu amava ou que conviviam comigo, elaborei uma segunda iniciativa, que denominei: **recobramento simbólico das mensagens tóxicas e violências que depositei nos outros.** Eu pedia para eles me devolverem todas elas. Alguns e algumas o faziam, mas outros, não, pois prefeririam continuar me acusando, julgando ou ficando ressentidos comigo: "De qualquer forma, você nunca me amou, nunca me compreendeu, nunca se preocupou com o que eu podia sentir etc." Foi assim que entendi melhor o quão importante era, para alguns, permanecer na vitimização ou acumular ressentimento, encarcerando os outros em acusações sem fim. Eles se inscrevem assim num ciclo que se autoalimenta sem dificuldade.

> *Para mim, foi através dessas diferentes iniciativas relacionais (aprender a receber o que é bom e saber restituir o que não me parecia ser bom para mim) que comecei a me amar, a conseguir aceitar amar e às vezes ser amado de forma recíproca.*

Exercício 2
Primeiros pontos de referência, primeiros marcos

O exercício a seguir tem como objetivo instaurar alguns marcos para aprofundar um pouco mais a compreensão da nossa dependência ou autonomia com relação ao amor e ao sentimento amoroso.

Para compreender melhor e identificar:

Para mim, será que o amor parental (aquele que recebi dos meus pais) foi um amor **incondicional**, adquirido para sempre (mesmo que mais tarde minhas relações com eles tenham ficado tensas ou se tornado mais difíceis), ou **condicional**, carregado de expectativas, deveres, medos ou desejos a meu respeito?

❏ **incondicional**   ❏ **condicional**

O amor recebido da minha mãe era incondicional ou condicional?
❏ **incondicional**   ❏ **condicional**

O amor recebido do meu pai era incondicional ou condicional?
❏ **incondicional**   ❏ **condicional**

O amor recebido de outras pessoas (parentes próximos ou outros) era incondicional ou condicional?
❏ **incondicional**   ❏ **condicional**

Será que o amor parental que me foi dado (se minha mãe ou meu pai não tiverem sido possessivos, captativos ou demasiado ansiosos) permitiu que eu me afastasse, saísse de casa sem culpa, com autonomia suficiente para construir a minha própria vida de adulto, comprometer-me num amor romântico, quem sabe numa relação conjugal e mesmo fundar uma família?

❏ **Sim. De que forma?**

....

....

❏ **Não. De que forma?**

....

....

Será que consegui interiorizar que o amor romântico que posso oferecer, ou que recebo, é para criar, além do encontro amoroso, uma relação duradoura?

❏ **Sim**   ❏ **Não**

Será que escolhi viver meus amores como uma sucessão de encontros vividos no presente, sem muitos projetos a longo prazo?

❏ **Sim**   ❏ **Não**

20

Exercício 3
Do amor romântico à relação conjugal

Se o amor parental nos tiver sido dado gratuitamente, sem condição, sem escambo relacional, com constância e coerência, ele vai imprimir em nós uma segurança básica fundamental. Essa segurança nos permite, mais tarde, cultivar relações amorosas e conjugais com reciprocidade, sem a tentação de impor relações de submissão, controle ou relações de poder.

Será que esse é o meu caso?
....
....

Pois quantos amores vão ser feridos e magoados por relações em que um dos parceiros vai impor suas escolhas de vida, desejos, convicções ou ainda suas próprias errâncias?

Será que estou numa relação desse tipo?
❏ Por minha causa?
❏ Por causa do(a) outro(a)?

É possível reconhecer o amor romântico recíproco pelo fato de ele poder ser oferecido ao **ente amado** com o desejo de **ficar o máximo de tempo possível com ele(a).**

❏ Isso é verdade para mim? Por quê?
....
....

❏ Isso é verdade para o(a) outro(a)? Por quê?
....
....

Veremos mais para a frente como é possível passar *do encontro amoroso* (que se vive no presente, com projetos a curto prazo) à relação conjugal (com um projeto de vida em comum a longo prazo). A relação conjugal supõe compromissos mútuos, para aceitar viver uma aventura na qual nenhum dos protagonistas controla as rédeas desde o início.

❏ Meu desejo profundo é ficar no encontro, sem compromisso a longo prazo?
❏ Meu desejo profundo é evoluir para uma relação conjugal, com compromissos mútuos a longo prazo?

Exercício 4
Os ingredientes do encontro amoroso

Graças a este exercício, você poderá verificar se os "ingredientes" ou, se preferir, os componentes que devem estar presentes num encontro amoroso estão ativos ou não entre você e o outro.

Será que sinto atração pelo outro?
Ou seja, um movimento que me empurra em sua direção? Eu não devo confundir o meu sentimento com o movimento inverso (quando procuro atrair o outro para mim!).

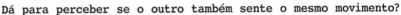

❏ Sim   ❏ Não

Dá para perceber se o outro também sente o mesmo movimento?

Isto é, será que sinto que ele(a) busca a minha presença e deseja chegar perto de mim (e não me atrair para si, seduzir-me, captar-me)? Embora o meu narcisismo fique satisfeito com o fato de alguém tentar me seduzir (conduzir-me para ele(a) ou para seus desejos!), é melhor que esse movimento possa vir na minha direção, de preferência por livre e espontânea vontade.

❏ Sim   ❏ Não

Será que procuro descobrir se nós temos afinidades,
interesses em comum, paixões e entusiasmos que se pareçam (ou não), que sejam complementares ou até — por que não? — antagonistas? Afinidades antagonistas podem ser muito estimulantes, pois fazem com que os neurônios de cada um trabalhem! Paixões em comum (em comum demais) podem se tornar, mais tarde, com os anos, mais "rotineiras", quem sabe?

❏ Sim   ❏ Não

Sinto desejos pelo outro?
Não devo confundir **"meus desejos pelo outro"** com **"desejos sobre o outro"** (que visam a se apropriar e às vezes consumir, podendo, por isso mesmo, ser invasores e mesmo terroristas). Desejos que podem ser (é claro) de ordem (ou desordem!) sexual ou de vários outros tipos.

❏ Sim   ❏ Não

E ele(a) sente desejos por mim?

❏ Sim ❏ Não

De que tipo?

....

....

Será que estou sentindo um sentimento de amor dentro de mim?
Não confundir com uma sensação.

❏ Sim ❏ Não

Será que estou com uma sensação de bem-estar, confiança e abandono que vai me fazer buscar o contato ou a presença de alguém (sem no entanto sentir amor pela pessoa em questão)?

❏ Sim ❏ Não

Será que estou com uma sensação negativa, de rejeição, desgosto ou recusa que vai me manter a distância e me afastar dessa pessoa?

❏ Sim ❏ Não

Ou será que estou dividido(a), ambivalente? Tenho sentimentos... Mas estou sentindo um mal-estar, já estou fazendo críticas mentalmente sobre o seu jeito de se vestir, de falar, de comer, sobre suas ideias.

❏ Sim ❏ Não

Consigo ver com clareza os meus próprios sentimentos?
Será que sei o que sinto quando alguém tem um sentimento de amor por mim e não tenho nenhum sentimento por ele(a)?

❏ Sim ❏ Não

Embora isso nem sempre seja consciente, posso me proibir de amar:
❏ Por medo de sofrer se eu for, mais tarde, abandonado(a) ou traído(a)?
❏ Porque acabei de sair de uma relação que terminou mal e preciso de um pouco de tempo para me reencontrar?
❏ Ou ainda, porque tenho medo de que o fato de amar me comprometa rápido demais numa direção que me assusta?

Exercício 5
Para verificar a minha atual capacidade de amar

Este é um exercício útil para verificar minha capacidade de amar.

Como considero as diferentes combinações que podem existir entre os quatro termos a seguir?

Dinamize o esquema ligando os diferentes elementos seguintes:

- Necessidade de ser amado(a)
- AMOR POR MIM
- EU
- AMOR PELO OUTRO
- Necessidade de amar

- Não amor por mim
- GRANDE NECESSIDADE DE SER AMADO(A)
- EU
- Pouco amor pelos outros
- NECESSIDADE DE AMAR A QUALQUER PREÇO

Sabendo que:

❶ Se eu não me amar, vou ficar na "necessidade" de amar e ser amado(a), sem ser totalmente capaz de dar amor.

❷ Se eu me amar, ficarei menos na necessidade de amar e sobretudo muito menos na necessidade de ser amado(a), sendo, ao mesmo tempo, capaz de dar amor.

Exercício 6
Para entender melhor a diferença entre SENTIMENTO E SENSAÇÃO

Devemos lembrar que uma **SENSAÇÃO** está ligada a uma situação ou comportamento e é provisória (quando não constitui uma fixação!). E que um **SENTIMENTO** está ligado a uma pessoa e tem duração, seja ele ou não compartilhado.

SENTIMENTO e **SENSAÇÃO** são frequentemente confundidos.

Poderíamos dizer que existe apenas um único **SENTIMENTO**: *o sentimento de amor.*

❏ Tenho amor dentro de mim.
❏ Ou não tenho.

Um **SENTIMENTO** está ligado a uma pessoa, tem uma duração de vida certamente aleatória (pois ninguém sabe de antemão a duração de vida de um amor), mas se insere mesmo assim numa duração, uma duração aleatória que pode ser prejudicada por um falecimento (separação imposta àquele(a) que fica) ou divórcio (separação decidida por aquele(a) que deseja partir e imposta àquele(a) que gostaria de permanecer na relação!).

Pense em uma ou várias pessoas por quem você tem sentimentos e escreva o nome delas:

....
....
....
....
....
....

Uma **SENSAÇÃO**, por sua vez, está ligada a **um comportamento, uma situação ou um acontecimento** e tem uma duração mais efêmera. Ela pode se transformar em ressentimento ou se tornar uma fixação quando afeta algo sensível em nossa história, quando mexe numa de nossas feridas infantis ou quando reativa uma situação inacabada.

Cite uma ou várias de suas recentes sensações:

....
....
....
....
....

Dentre essas sensações, separe as **SENSAÇÕES POSITIVAS** e as **SENSAÇÕES NEGATIVAS**. De fato, muitas vezes a minha dificuldade em formular essas sensações faz com que eu critique o outro ("Você nunca sente tesão por mim", "Você não é normal", "Você é frígida"), pois não sei dizer o quanto estou decepcionad(o)(a), frustrad(o)(a), amarg(o)(a) ou em dúvida porque ele(a) não tem o mesmo desejo que eu!

SENSAÇÕES POSITIVAS	**SENSAÇÕES NEGATIVAS**
....	....
....	....
....	....
....	....
....	....
....	....
....	....
....	....

Exercício 7
Aprender a me amar

Tendo compreendido que a minha capacidade de amar vai depender do amor que tenho (ou não tenho) por mim mesmo(a), devo refletir sobre uma questão delicada:

como aprender a me amar?

Será que cultivei, na minha infância e história recente, relações significativas nas quais predominavam mensagens positivas (bondosas, gratificantes, incentivantes, estimulantes, valorizadoras)?

Veja um exemplo de mensagem que podemos receber após uma experiência de babá: "Tenho grande confiança em você, não hesito nunca em deixar você cuidar dos meus filhos", ou ainda: "Gostei bastante do jeito como você recebeu os seus primos. Eles tinham acabado de chegar do exterior e pareciam um pouco perdidos, mas você logo os deixou à vontade ao lhes emprestar a sua bicicleta!"

❑ Sim ❑ Não

Que mensagens estão impregnadas em mim com mais intensidade?

....

....

Se esse for o caso, devo ter sentido ou visto dentro de mim:

❑ Que a vivência que me preenchia (intensidade e expansão maiores do meu potencial de VIDA) se desenvolvia.
❑ Que as minhas energias se liberavam e se fortaleciam.
❑ Que a minha autoconfiança ganhava força e se consolidava.
❑ Que a estima de mim mesmo(a) se tornava mais sólida e adquiria mais consistência.

❏ Que o amor por mim mesmo(a) (e era aqui que eu queria chegar) estava sendo alimentado, vivificado, tornando-se mais livre. Estamos falando, é claro, não do amor narcisista e egocêntrico que às vezes pode nos invadir ("EU sou o mais bonito, o mais inteligente, o mais eficiente..."), mas sim do amor feito de bondade, respeito, tolerância e abertura que cada um de nós pode ter dentro de si.

❏ Que o prazer de viver, o prazer de existir desabrochava dentro de mim a cada instante — ou pelo menos com mais frequência.

Será que eu tive de enfrentar, na minha infância ou história recente, e de modo repetitivo, relações carregadas de mensagens negativas, palavras, gestos ou comportamentos tóxicos (desvalorizações, humilhações, rejeições e juízos de valor sobre a minha pessoa ou meus atos)?

Por exemplo: "Mas que péssimo temperamento o seu!", "Nunca vi ninguém tão egoísta quanto você!", "Você é não somente um mentiroso, mas também um ladrão que, como quem não quer nada, apronta todas de mansinho", "Não dá para confiar em você, você começa dez coisas ao mesmo tempo e nunca termina nada!"

❏ Sim   ❏ Não

Que mensagens estão impregnadas em mim com mais violência?

....

....

Se esse for o caso, devo ter sentido ou visto dentro de mim:

- Que a minha vivência estava ferida, que eu estava impregnado(a) por mais desvivância (senti, portanto, que as imunidades naturais do meu corpo estavam fragilizadas).
- Que as minhas energias estavam em seu nível mais baixo e, portanto, que eu estava mais sensível, vulnerável e propenso(a) ao cansaço face às provações da vida.
- Que mais dúvidas me atormentavam e que eu tinha muito menos ou até nem um pouco de confiança em mim mesmo(a).
- Que a estima por mim mesmo(a) havia desaparecido, tendo-se diluído numa imagem difusa, mole ou fragmentada, na qual eu não conseguia mais me reconhecer, mas que mesmo assim se impunha a mim!
- Que eu não me amava mais, só sentia desamor por mim mesmo(a) (e era aqui que eu queria chegar de novo), tinha menos ou não tinha mais respeito nem sentimentos positivos com relação à minha pessoa.
- Que eu sentia frequentemente, logo de manhã ao me levantar, desprazer em existir e suportava menos ser aquele(a) que eu tinha me tornado!

A partir deste último exercício, devo sentir se tenho dentro de mim:
- Amor para dar.
- Ou se eu vou ter dificuldade para amar.
- Se vou ter dificuldade para ser amado(a).

Propostas concretas para uma possível reconciliação consigo mesma(o) e, portanto, para conseguir se amar melhor!

Se tivermos recebido (ou se ainda recebermos) mensagens negativas, que podem ser tóxicas, violências verbais, morais ou físicas, sempre é possível simbolizá-las com um objeto, escrever um bilhete de acompanhamento e "restituí-las", entregá-las ou enviá-las de volta àquele(a) que as depositou em nós.

Essa iniciativa, que consiste na Prática da Restituição Simbólica ensinada pelo Método ESPÈRE® (cf. SALOMÉ, J. **Pour ne plus vivre sur la planète Taire.** Albin Michel, 1997), incita-nos, de certa forma, a fazer uma limpeza da canalização relacional para sanear as nossas relações, reconciliar-nos com o melhor de nós mesmos, permitindo-nos assim reconquistar o amor de si. E, assim, se tivermos assimilado o que já dissemos aqui, poderemos amar e mesmo aceitar receber amor, tendo, portanto, a possibilidade de sermos amados.

A restituição simbólica das mensagens tóxicas ou violências recebidas em determinado momento da nossa infância, juventude ou vida adulta é, para todos, um meio bastante concreto e acessível de:

- **RECONCILIAR-SE CONSIGO MESMO(A),**
- **IMPREGNAR-SE COM UMA IMAGEM MAIS POSITIVA,**
- **LIBERAR ENERGIAS,**

em vez de utilizá-las para manter em seu nível mais baixo as tensões, mal-estares, ressentimentos ou rancores que podem poluir a nossa existência.

É preciso dizer e enfatizar: essa iniciativa produz, na maior parte das vezes, um imenso alívio, mas pode ser freada por muitas dúvidas ou paralisada por diversas resistências.

Exercício 8
Para visualizar melhor algumas das minhas resistências à realização das restituições simbólicas

Veja a seguir diferentes tipos de resistência.
Devo marcar as que já enfrentei em situações pessoais.

Resistências a partir de dúvidas:
❏ Mas para que serve isso realmente?
❏ De que adianta mexer no passado?
❏ Talvez a outra pessoa não pensasse que ia me fazer mal.
❏ E se eu estivesse enganado(a)?

Resistências de pessoas próximas com tentativas de culpabilização:
❏ Você não acha que corre o risco de magoar?
❏ Talvez a outra pessoa não o(a) compreenda.
❏ Você não acha que pode fazer mais mal do que bem?
❏ A pessoa em questão já está velha, doente, você não acha que ela não precisa, ainda por cima, ser questionada ou acusada?

Resistências com juízos de valor sobre nós:
❏ Com que direito você pode, desse jeito, invadir a vida de alguém, lembrando o seu passado?
❏ Você talvez esteja querendo agradar a si mesmo(a), sem pensar em respeitar a outra pessoa, não é?

Resistências ligadas a denegações:
❏ Não seria melhor esquecer?
❏ As suas lembranças estão pondo minhoca na sua cabeça — quem sabe tudo isso não passa de imaginação sua?

Para que pode servir a restituição simbólica das mensagens, ou comportamentos, que não foram bons para nós?

De um lado, para se despoluir de algo que ficou engasgado em nossos pensamentos ou no nosso corpo.

De outro, para liberar energias que frequentemente ficam "bloqueadas", cristalizadas em torno de uma palavra ou acontecimento que, de vez em quando, vem à tona ou se agita dentro de nós de forma imprevista (e muitas vezes justamente no momento em que poderíamos viver coisas boas para nós!).

Restituir permite que nos reconciliemos com um período da nossa história que tenha sido mal vivenciado, com uma imagem de nós que tenha sido ferida e, sobretudo, redescubramos o melhor de nós mesmos.

E, por fim, isso nos abre portas para uma maior liberdade de viver e, portanto, para um pouco mais de amor por nós mesmos.

Exercício 9
Para começar a limpar a canalização relacional

Este exercício visa a explorar e depois **"limpar a canalização relacional"** em algumas das relações significativas da nossa história. Essa canalização pode ter sido poluída pelo fato de acumular mensagens tóxicas de modo repetitivo e ser violentado(a) psicológica, moral ou até fisicamente. Este exercício é para nos tranquilizarmos e sobretudo nos liberarmos de mensagens e violências depositadas em nós pelos nossos pais, irmãos, por um parente próximo, professores, amigos ou pseudoamigos ou ainda por desconhecidos!

Será que esse é o meu caso?   **SIM   NÃO**

Por quem será que fui poluído(a), violentado(a), ferido(a)?
....
....
....

Em que circunstâncias?
....
....
....
....
....
....
....
....

Será que posso pensar em restituir simbolicamente essas mensagens tóxicas ou negativas, essas violências?
SIM   NÃO

Para concretizar esse projeto, devo escolher um objeto que tenha um valor simbólico: um valor de representação da mensagem ou violência depositada em mim. Depois, embrulhar em papel de presente, com um bilhete de acompanhamento explicitando que se trata de uma iniciativa simbólica visando a me liberar de algo que não me fez bem. Alternativas possíveis:

- ❏ Sim, vou conseguir fazer isso.
- ❏ Não agora, talvez precise compreender melhor e refletir.
- ❏ Não, eu não vou conseguir, não vou conseguir tomar essa decisão.

Se eu tiver respondido "Não, eu não vou conseguir", posso me fazer algumas perguntas?
- ❏ Será que tenho medo de ferir a pessoa em questão, magoá-la, desestabilizá-la, não ser mais amado(a) por ela/ele?
- ❏ Será que tenho medo de que ela/ele não entenda?
- ❏ Será que tenho medo de parecer louco(a) ou um palhaço?
- ❏ Outro: ....
....
....

Se eu decidir tomar a iniciativa de simbolização, visando a restituir à outra pessoa algo que veio dela e que não me fez bem, devo refletir sobre as seguintes questões:

Que objeto escolhi? ....

Vou escrever aqui o texto que vai acompanhar esse objeto:

....
....
....
....
....
....
....
....
....
....
....
....
....
....
....
....
....
....
....
....

E vou marcar uma data para concretizar a minha decisão de devolver à pessoa o objeto (simbolizando a minha restituição), junto com a minha cartinha:

... ... / ... ... / ... ...

Se eu decidir guardar para mim as mensagens tóxicas (juízos de valor, reprovações, previsões negativas) ou a violência recebida, vou pegar uma foto minha e mostrar em que parte do meu corpo guardo tudo isso enterrado, engasgado ou simplesmente armazenado!

Colocar aqui a foto e indicar então com um símbolo o que eu decidi guardar para mim, sabendo que isso não me faz bem!

Com essa iniciativa de arqueologia pessoal posso:

 ou me restaurar e reconquistar um pouco mais de amor por mim e, justamente dessa forma, aumentar a minha disposição para amar, ou seja, poder dar amor,

 ou tomar mais consciência do estado das minhas capacidades de me amar, amar e ser amad(o).

Posso, em qualquer idade – e é isso que é maravilhoso nas relações humanas –, concluir uma situação inacabada da minha infância, consertar uma porção inteira da minha história, reajustar tal ou tal acontecimento que eu tenha mal vivenciado ou ainda dar outro sentido a certos episódios da minha vida. Para isso, posso começar colocando palavras, abandonando o silêncio, restituindo ou me posicionando de forma diferente com relação a algumas das pessoas significativas da minha história.

Também posso, se não tiver conseguido restituir, perceber melhor o sentido de uma ou outra das minhas somatizações, das minhas repetições e de alguns cenários que marcam a minha existência.

Posso enfim assumir melhor as minhas responsabilidades enquanto pai ou mãe (se for o caso) e integrar uma lei implícita que rege a comunicação transgeracional: um problema não resolvido em determinada geração tende a se repetir, depositando-se nas gerações seguintes, seja em linha direta, seja pulando uma geração.

Retrospecção sobre alguns aspectos fundamentais da Vida, do Amor e da Energia Vital

Ao revelar aqui a minha pequena cosmologia pessoal vou apenas citar algumas das convicções que estruturaram a minha existência. Elas são, para mim, marcos, pontos de referência ou alicerces que guiaram todo o meu trabalho de formador. Eu as apresentarei com pudor e respeito pela opinião de cada um.

Acho (mas é apenas uma convicção) que nós recebemos, no momento da concepção, naquele momento milagroso em que um óvulo é fecundado por um espermatozoide num campo de desejos (semelhantes, contraditórios, voluntários ou impostos), que nós recebemos o equivalente de três sementes. Essa é a imagem que sempre vem à minha cabeça com grande força há alguns anos.

Uma semente de Vida, uma semente de Amor Universal e uma semente de Energia Cósmica.

O destino dessas três sementes é residir dentro de nós ao longo da nossa vida terrestre, com o desenvolvimento, ou não, de diferentes dinâmicas: podem crescer, florescer ou simplesmente ser acumuladas ou ainda consumidas. Portanto, é assim que enxergo o sentido da nossa passagem nesta Terra: ou nos permitir reinjetar no universo (antes de deixarmos para trás o nosso envelope físico) mais Vida, mais Amor e mais Energia do que recebemos no início; ou simplesmente entregar o saldo ou resíduo que restar da Vida, do Amor e da Energia que tivermos consumido, desperdiçado ou violentado em nós. Vida, Amor e Energia — cada um de nós recebe uma reserva deles no momento de nossa concepção.

Isso pode parecer a você, agora, uma missão delicada ou festiva, difícil ou mágica, repleta de possibilidades ou impossível de realizar. Cabe a você refletir, aceitar ou rejeitar essa missão, deixá-la crescer ou pendente, por enquanto...

Seja qual for a sua posição, incentivo você a fazer os próximos exercícios. Eles estão em correlação direta com os temas deste caderno: aprender a se amar, amar e — por que não? — ser amad(a)!

Exercício 10
Ato de reconhecimento e confirmação

Este exercício permite confirmar um duplo reconhecimento.

 Reconhecimento pela VIDA que carrego dentro de mim e que me foi dada pelos meus genitores.

 Reconhecer e agradecer aos meus genitores por me terem dado a VIDA que reside e circula dentro de mim, irrigando todo o meu ser.

Vou simbolizar com um objeto (uma pedra um pouco rara, a semente que eu quiser, uma pérola...) a VIDA que recebi no momento da minha concepção. E vou visualizar então, por meio desse objeto, essa dimensão de mim mesmo(a):

Vou desenhar ou colar aqui uma foto do meu objeto

Em seguida, vou tentar escrever uma carta de agradecimento à minha genitora e outra ao meu genitor, para lhes agradecer por me terem dado a VIDA que carrego dentro de mim. E vou fazer isso, mesmo que eu atualmente mantenha uma relação difícil, cheia de ressentimentos ou conflitos com um e/ou outro dos meus pais.

A carta deve ser pessoal e lhes exprimir gratidão por me terem concebido(a). Seja qual for o desejo ou ausência de desejo que possa ter circulado entre eles no momento da minha concepção, eu lhes agradeço por me terem dado a VIDA.

Ao aceitar levar sempre comigo o objeto simbólico que representa a minha vida, dando-lhe mais atenção e enxergando-a com bondade, poderei me conectar melhor com ela. Poderei cuidar e avaliar melhor que tipo de relação mantenho com a VIDA que circula em mim. Será que cultivo uma relação de maus-tratos, abusos, violências, falta de respeito pelas suas reais necessidades? Ou então uma relação de carinho, bondade, apoio e fortalecimento?

....
....

Vou refletir sobre as doenças, acidentes e obstáculos que já afetaram ou agrediram a minha vida e anotar as minhas reflexões:
....
....

Será que consigo avaliar a minha parte de responsabilidade face ao que acabei de escrever?
....
....

Vou fazer um balanço de tudo aquilo que me ajudou e me permitiu enfrentar e atravessar essas peripécias ou provações:
....
....

Para você, meu genitor

Exercício 11
Transmissão da flâmula da VIDA

Se eu tiver um ou vários filhos, posso um dia oferecer a cada um deles um objeto diferente (pedra, semente, pérola ou outro) para simbolizar a VIDA que eu lhes dei (com a ajuda de uma genitora ou de um genitor). Devo lhes lembrar que, durante toda a infância deles, cabe a nós, os pais, garantir que a VIDA cresça dentro deles, mas, quando eles forem adultos, essa responsabilidade lhes pertencerá, plena e inteiramente. E que, talvez, um dia eles transmitam, por sua vez, a VIDA!

Que objeto escolhi para simbolizar a semente de VIDA que, enquanto genitor ou genitora, eu lhes transmiti?
. . . .

Que objeto eles podem escolher para simbolizar a semente de Amor depositada neles?
. . . .

Que objeto eles podem escolher para simbolizar ou representar a semente de Energia cuja reserva receberam no momento de sua concepção?
. . . .

Retrospecção sobre mim mesmo(a)

Durante grande parte da minha vida de criança, adolescente e adulto, **fui alguém que maltratava frequentemente a VIDA que havia em mim – e isso com muita, muita tenacidade e inconsciência**. Antes de tudo, e obviamente, porque eu ignorava que havia recebido uma parcela de VIDA e também porque com certeza eu sentia uma forma de angústia que me levava a pôr à prova o meu corpo, minha vitalidade, meus projetos e, é claro, meus amores e relações.

Com os meus amores, eu frequentemente verificava a solidez dos laços. E isso de forma paradoxal: maltratando-os! Eu punha à prova (de modo quase permanente) os sentimentos da outra pessoa, fazendo com que, sobre os meus relacionamentos afetivos, pesassem desejos e pedidos impossíveis, propostas absurdas ou inadequadas. Eu apresentava comportamentos e condutas à base de exigências, culpabilizações e amuos (uma das minhas grandes especialidades, até quase meus 40 anos!). Durante muito tempo fui, assim, mestre em somatizações – mestre em produzi-las, não em curá-las!

Eu não tinha nenhuma consciência da VIDA que eu estava violentando em mim e nas outras pessoas. Especialmente na pessoa que dividia a minha vida, a mais próxima do meu cotidiano, com a qual concebi meus filhos, fiz projetos e sonhos de vida extraordinários!

Foi por meio de duas experiências estruturantes que descobri:
- de um lado, como eu havia dado a VIDA a cada um dos meus filhos,
- e, de outro, como eu havia recebido a VIDA dos meus genitores.

A primeira experiência ocorreu quando eu tinha 49 anos. Eu estava olhando, não distraidamente, mas sim prestando muita atenção, minha filha mais velha, que tinha 25 anos. Pela primeira vez percebi, não sei como dizer, uma aura, uma vibração, um sutil sopro de ar em torno da pessoa dela... a VIDA que estava nela. Foi como uma iluminação, que rapidamente se transformou numa sucessão de terríveis interrogações. Eu havia feito muitas coisas por ela, bem como para cada um dos meus filhos.

Eu e a mãe deles havíamos atendido às suas:
- **necessidades de sobrevivência** (comida, segurança de base, vestimentas, teto protetor, ambiente relativamente confortável e acolhedor),
- **necessidades educacionais** (Educação Infantil, ensinos Fundamental, Médio e Superior),
- **necessidades de amor** (pelo menos, eu achava que sim),
- **necessidades de socialização** e também

◀◀◀▶ a muitos desejos seus. Havíamos, portanto, feito muitas coisas pela sua pessoa, pelo bebê, pela menininha, pela adolescente e jovem adulta que ela havia se tornado. Porém, descobri com estupefação que eu não havia feito nada pela VIDA que estava nela.

> Sei que é difícil perceber a diferença entre a **PESSOA** e a **VIDA** que há dentro dela.

Por isso, eu gostaria realmente de incentivar você a parar um pouco para observar longamente um dos seus filhos, d(a) seu(sua) parceir(a) ou um amigo. Comece com alguém próximo, treine VER a VIDA que está nele(a). Por exemplo, coloque-se face a face e adote como regra olhar não a pessoa (seu rosto, seus olhos ou seu corpo), mas sim em torno da pessoa, sem se deixar distrair pela paisagem ou pelo cômodo onde vocês estiverem.

Você também pode, de novo face a face, colocar as mãos a alguns centímetros da cabeça da pessoa e exercer lentamente uma leve pressão, um leve movimento de acompanhamento ou de carinho. Você vai sentir uma resistência, uma consistência devido a um envelope vibratório.

É uma experiência emocionante, extraordinária, ao alcance de todos. **Ouse-a!**

E, a partir de então, uma questão lancinante e aguda passou a me atormentar: eu havia feito, nós havíamos feito, eu e a mãe da minha filha, muito pela pessoa dela (e de cada um dos meus quatro outros filhos), mas o que havíamos feito pela VIDA que estava neles?

Nada. Absolutamente nada.

Eu havia integrado bem as necessidades de sobrevivência, amor, educação e socialização que envolviam a pessoa, mas eu não tinha a menor ideia de quais eram as necessidades da VIDA dentro de cada um e, aliás, nem mesmo as da VIDA que estava em mim!

O resultado desse trabalho (pois foi um verdadeiro trabalho) consistiu na descoberta de que cada um de nós — e isso vale para todas as culturas — tem necessidades relacionais. Todo ser vivo carrega necessidades relacionais, capazes de alimentar a

VIDA que está nele, necessidades que não se deve confundir com vontades nem desejos.

Foi ao encontrar, quando eu fiz 50 anos, o meu genitor, que tinha 65 (foi uma grande epopeia para localizá-lo), que tomei consciência de que era realmente ele, com a ajuda de minha mãe, na época com 18 anos, que me havia concebido quando tinha apenas 15 anos! Porém, captado por sua própria mãe, ele abandonou seu primeiro amor e seu próprio filho, e durante um terço de século não deu nenhum sinal de vida, nem para a minha mãe nem para mim. Ele se chamava Pierre (e faleceu alguns anos mais tarde, em 1992). Além daquele primeiro encontro, que foi sucedido por mais alguns, aprendemos lenta e respeitosamente a nos descobrirmos, estimarmos e amarmos. Mas foi no dia seguinte à ocasião em que eu pude beijá-lo e abraçá-lo que consegui lhe dizer: "Pierre, eu não vou passar o resto da minha vida acusando você de ter abandonado a mamãe e nunca ter dado nenhum sinal de vida para mim, **vou simplesmente lhe agradecer por me ter dado a VIDA**. Com a ajuda de mamãe, é claro. E, sem essa dádiva, eu não teria vivido uma existência às vezes difícil e dolorosa e, outras vezes, maravilhosa e surpreendente. Eu não teria escrito livros, concebido filhos, ou seja, dado a VIDA por minha vez, viajado, respirado, amado. Tenho uma imensa gratidão a você..."

Ele ficou muito emocionado, e eu também, mais do que transparece nestas poucas linhas.

Foi assim, ao me conscientizar e reconhecer a VIDA que estava dentro de mim a cada instante, que aprendi a me amar e, assim, amar melhor.

Precisei, portanto, de meio século para ousar aprender a me amar e aumentar em mim a possibilidade de amar e aceitar melhor ser amado.

Vamos fazer um balanço e seguir em frente...
com o que você descobriu

Se o(a) leitor(a), depois dos exercícios sugeridos, tiver conseguido perceber melhor a Vida, o Amor e a Energia que recebeu como reserva no momento de sua concepção...

Se tiver aprendido a cuidar melhor dessas três possibilidades dentro ou em torno de si...

...ele(a) certamente terá aprendido a se amar melhor. E, por conseguinte, a se sentir mais aberto(a) e disposto(a) a amar ou receber amor. Mais sensível à interdependência, às possíveis relianças[4] e às mútuas amplificações de três aspectos: amar-se, amar e ser amado(a).

O trabalho já começou, e os impactos, repercussões e aberturas vão aparecer, aumentar e tingir a sua vida de forma diferente.

É isso que desejo a cada um.

---

4. "Estabelecer pontes, passarelas incertas entre minha história e minhas histórias. Ligar acontecimentos, situações, encontros ou emoções para construir a trama das minhas interrogações" (Jacques Salomé).

Exercício 12
...de confirmação de algumas das nossas possibilidades

À luz dos exercícios anteriores, este aqui permite dar alguns passos para começar a aprender — ou confirmar — que é possível amar, seja qual for a sua situação. E, para isso, é preciso que você tire um tempinho para desmistificar alguns pseudoamores, pseudoamores que podemos produzir e oferecer ou receber!

Digamos que eu tenha dentro de mim amor por mim mesmo(a) — a questão a seguir será: sou capaz de sair da minha bolha e oferecê-lo a alguém ou, ao contrário, sinto a tentação de distribuí-lo e dispersá-lo entre várias pessoas?

Será que estou constipado(a) com o amor que guardo dentro de mim, acima de tudo evitando dá-lo? Estou fazendo retenção de amor?

SIM   NÃO

Será que sou um(a) capitalista de amor? Alguém que acumula o amor que tem, abstendo-se de oferecê-lo, dá-lo?

SIM   NÃO

Será que o meu amor é volátil, inconstante, tão efêmero quanto uma gota de orvalho?

SIM   NÃO

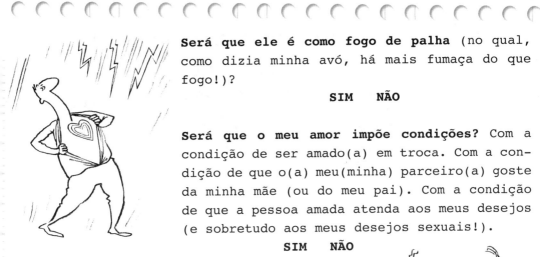

Será que ele é como fogo de palha (no qual, como dizia minha avó, há mais fumaça do que fogo!)?

SIM   NÃO

Será que o meu amor impõe condições? Com a condição de ser amado(a) em troca. Com a condição de que o(a) meu(minha) parceiro(a) goste da minha mãe (ou do meu pai). Com a condição de que a pessoa amada atenda aos meus desejos (e sobretudo aos meus desejos sexuais!).

SIM   NÃO

Será que o meu amor é platônico, não exigindo sinais de amor da outra pessoa, mas apenas que ela possa aceitar ser amada por mim?

SIM   NÃO

Se eu tiver reconhecido que há dentro de mim amor para dar, dividir ou aumentar, se esse amor se tiver revelado num encontro amoroso, se eu descobrir que esse encontro me faz bem, se eu sentir que ele faz bem para a outra pessoa, como posso transformá-lo em relação conjugal?

....
....
....
....

É preciso lembrar que, na passagem do encontro amoroso à relação conjugal, há muitos esclarecimentos a serem feitos, sob pena de criar, tão logo, possíveis mal-entendidos ou conflitos. Mas isso é uma outra história, que cabe a cada um construir com o melhor de si, para descobrir o melhor do outro.

57

Estojo de primeiros socorros para cuidados relacionais, nos casos excepcionais (ou frequentes) em que possamos ferir uma relação importante para nós!

Após uma briga, durante um conflito ou depois de uma discussão um pouco quente, podemos ferir de forma mais ou menos grave uma relação e sobretudo a pessoa que está à nossa frente. Essa pessoa também pode ser nós mesmos, quando nos sentimos magoados por uma palavra, um gesto ou um comportamento que não nos faz bem!

Nessas circunstâncias, pode ser importante dispor de um estojo de primeiros socorros para acalmar as primeiras feridas, de modo a não deixar a relação, que talvez seja importante para nós, infeccionar-se ainda mais. O estojo deve conter, obviamente:

 UM CARTÃO VERMELHO (para nós mesmos ou para a outra pessoa), que seria um sinal para incentivar a restituir as palavras, o comportamento ou a mensagem que feriu (que nos feriu).

 UM SPRAY ANTISSÉPTICO LEVE, à base de palavras de arrependimento e reflexão, visando a favorecer a cicatrização da sensação ferida, humilhada ou desvalorizada da pessoa que se sentiu atingida por um comportamento ou palavras vistas como injustas.

- **UM OBJETO SIMBÓLICO**, para propor uma restituição da violência recebida, mesmo que tenha sido depositada involuntariamente.

 - **UMA CARTA AMARELA**, para lembrar que é possível utilizar a confirmação (compreender o que está acontecendo com o outro e se unir a ele face às suas sensações).

 - **UMA TIPOIA RELACIONAL DE EMERGÊNCIA**, para visualizar que uma relação tem duas pontas e que cada um é responsável por sua... ponta!

 - **VÁRIOS CURATIVOS ESPECIAIS**, à base de atenção e escuta da experiência vivida, para se unir ao outro face ao que despertou dentro dele e, quem sabe, poder compreender (e talvez amenizar) uma antiga ferida que tenha sido remexida.

 - **UM TUBO DE POMADA RECONFORTANTE**, para aquele que feriu (mesmo sem querer). Aplicar friccionando energicamente nas mãos e no rosto. (Ninguém cuida o bastante daquele que foi desajeitado ou que feriu.)

UMA CAIXA DE ESPARADRAPO para proteger uma sensibilidade um pouco aguda, à flor da pele, que se irrita demasiado rápido.

 UM REVIGORANTE, um fortificante para dar um pouco mais de coragem àquele que está se preparando para restituir.

 UM BLOCO DE RECEITAS a redigir para si mesmo(a), mencionando a prescrição para se proteger.

 Tudo isso junto com **UMA PRESENÇA PRÓXIMA**, permitindo que a sua respiração seja ouvida para acompanhar uma emoção que está abalando ou perturbando o outro.

Complete a lista como você desejar, conforme a **sua sensibilidade, suas convicções e o tamanho do estojo que você quiser carregar!**

....
....
....
....
....
....
....
....
....
....
....
....
....
....
....
....
....
....
....
....

Para ir mais longe

Alguns livros de Jacques Salomé:

Aimer l'amour. Paris: Trédaniel, 2010.

Aimer et se le dire. Paris: Pocket, 2010.

Pourquoi est-il si difficile d'être heureux? Paris: Livre de Poche, 2010.

Jamais seuls ensemble. Paris: Pocket, 2009.

Contes à aimer – Contes à s'aimer. Paris: Livre de Poche, 2009.

Aimer c'est plus que vivre. Paris: Trédaniel, 2008.

Je croyais qu'il suffisait de t'aimer. Paris: Livre de Poche, 2008.

Je mourrai avec mes blessures. Genebra: Jouvence, 2002.

Car nul ne sait à l'avance la durée de vie d'un amour. Paris: Dervy, 2001.

Tous les matins de l'amour... ont un soir. Paris: Albin Michel, 1998.

Cativando a ternura. Petrópolis: Vozes, 1994.

Voyage aux pays de l'amour. Carignan (Canadá): Alexandre Stanké, 2011 [Col. "Coffragants"] [CD áudio].

Minha declaração a mim mesmo(a)

Minhas resoluções

Acesse a coleção completa em

livrariavozes.com.br/colecoes/caderno-de-exercicios

ou pelo Qr Code abaixo